Stefanie Drecktrah

Das Förderheft Deutsch 3

Rechtschreib- und Grammatiktraining

Name: ______________________________

Klasse: ____________

Mildenberger

Inhaltsverzeichnis

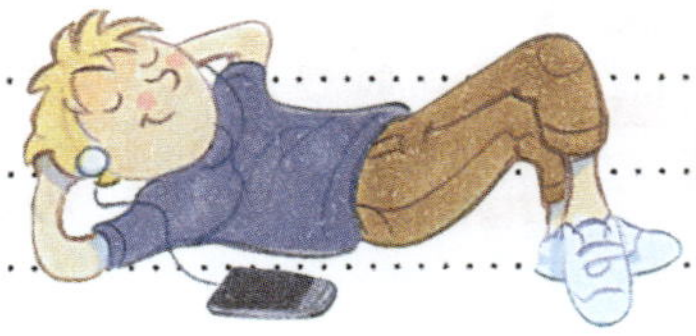

Inhaltsverzeichnis

Nomen: der-die-das-Probe

Nomen sind Namen von Menschen, Tieren und Dingen.

Man schreibt sie groß. Du kannst sie erkennen,
wenn ein Artikel **der**, **die**, **das** oder **ein**, **eine** davorpasst.

1 Welche Wörter sind Nomen? Unterstreiche sie.

nase sauber kalt paket ente
dose vogel blau ~~comic~~ dort
erde nie käse tut

2 Schreibe die Nomen mit bestimmtem Artikel auf.
Denke an die der-die-das-Probe.

der Comic

3 Schreibe die restlichen Wörter auf.

kalt

Verben

- sagen, was jemand tut oder was geschieht.
- schreiben wir klein.
- haben eine Grundform (**lachen**) und verschiedene Personalformen (**ich lache, du lachst, er lacht, wir lachen, ihr lacht, sie lachen**).

1 Unterstreiche die Verben.

rechnen   Elefant   Hose   hören   blau   gut

2 Schreibe die Verben aus Aufgabe 1 in allen Personalformen.

Grundform	**rechnen**	**hören**
ich	rechne	
du		
er		
wir		
ihr		
sie		

Abstrakte Nomen

benennen Gefühle oder anderes,
das man nicht sehen kann.

1 Unterstreiche alle abstrakten Nomen.

Mantel Pause Stolz Comic

Durst Alter Liebe Freude Arbeit

Sand Bauch Wut Zorn

Bett Glück Wasser

2 Schreibe die abstrakten Nomen mit Artikel auf.

die Liebe

Wörter, die die Endungen -heit, -keit, -nis und -ung haben, werden immer großgeschrieben.

1 Trage die Wörter richtig ein.

höflich ärger ~~freund~~lich
geheim erleb einsam

-keit	-nis
Freundlichkeit	

~~krank~~ acht heiz ordn
frei schön gesund entfern

-heit	-ung
Krankheit	

Verben

haben einen Wortstamm und eine Endung.

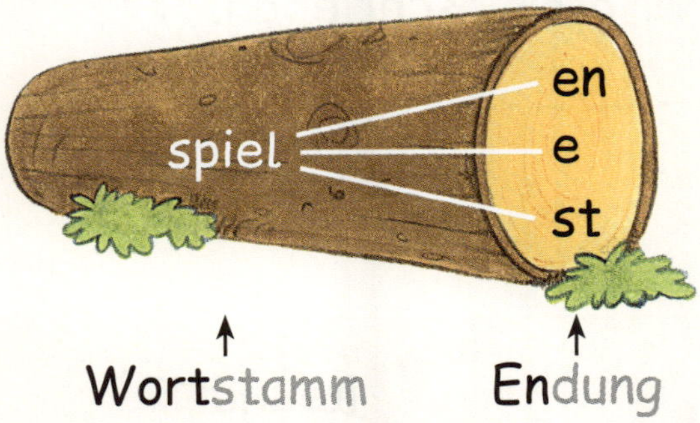

1 Kreise den Wortstamm ein.

gehen	fegen	malen	folgen
bleiben	spielen	mixen	reißen
rufen	legen	denken	rechnen

2 Kreise auch hier den Wortstamm ein.

du gehst	er hört
wir sitzen	ich folge

3 Trage die Verben aus Aufgabe 2 an der richtigen Stelle ein.

Emil, gehst du mit?

Er ______ einen Vogel.

Wir ______ auf einem Baum.

Ich ______ dir.

1 Bilde die richtigen Personalformen.

lieben	wir	lieben	du	liebst
hören	wir		er	
suchen	wir		ich	
denken	wir		er	

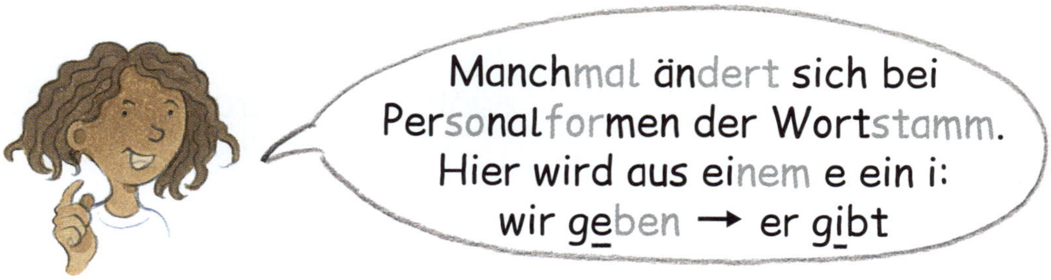

2 Trage ein.

geben	wir	geben	→	er	gibt
brechen	wir		→	er	
helfen	wir		→	er	

3 Trage ein.

halten	wir	halten	→	er	hält
tragen	wir		→	er	
waschen	wir		→	er	

Adjektive

beschreiben, wie jemand oder etwas ist.
Sie können die Endung -ig oder -lich haben.

1 Unterstreiche die Adjektive.

alt   blau   hallo   heiß   wieder
fleißig   rund   werden   südlich
hässlich   zwölf   traurig   bis

2 -ig oder -lich? Trage die Adjektive richtig ein.

~~grusel-~~   frost-   öst-
kind-   mut-   wolk-   glück-
täg-   zorn-   höf-

-ig	-lich
gruselig	

Adjektive steigern

Adjektive können gesteigert werden:
schön, schöner, am schönsten

Das ist die Grundform: **schön**

Die 1. Vergleichsstufe wird mit -er gebildet: **schöner**

Die 2. Vergleichsstufe wird mit am und -sten gebildet:
am schönsten

1 Verbinde die drei Formen eines Adjektivs jeweils mit einer Farbe.

schön •	• lustiger •	• am heißesten
heiß •	• schöner •	• am rundesten
rund •	• heißer •	• am lustigsten
lustig •	• runder •	• am schönsten

2 Trage die Adjektive aus Aufgabe 1 in die Tabelle ein.

Grundstufe	1. Vergleichsstufe	2. Vergleichsstufe
schön	schöner	am schönsten

1 Mache aus dem Aussagesatz einen Fragesatz.
Forme also um.

Aussage: Der Ball ist rot.

Frage: Ist der Ball rot?

Aussage: Leon mag keine Bananen.

Frage:

Aussage: Sara will spielen.

Frage:

2 Mache aus dem Fragesatz einen Aussagesatz. Forme also um.

Aussage: Der Hase heißt Heino.

Frage: Heißt der Hase Heino?

Aussage:

Frage: Hört Tarek Musik?

Aussage:

Frage: Malt das Kind ein Bild?

***b** oder **p**?* *   ***d** oder **t**?* *   ***g** oder **k**?*

Die richtige Schreibweise am Ende eines Wortes (Auslaut) findest du durch Verlängern:

Kinder – Kind   **schieben – schiebt**   **fegen – fegt**

1 Bilde zuerst die zweisilbige Form.
Schreibe dann das einsilbige Wort richtig auf.

	d / t ?	Kin_	Kinder	Kind
	g / k ?	Bur_		
	g / k ?	We_		
	d / t ?	Pfer_		
	b / p ?	Die_		

2 Bilde zuerst die zweisilbige Form.
Schreibe dann das einsilbige Wort richtig auf.

b / p ?	er schie_t	schieben	er schiebt
g / k ?	er fe_t		
g / k ?	es spu_t		
g / k ?	er bie_t		

1 Schreibe die Nomen mit bestimmtem Artikel auf.

Erde | blau | nie | Ente | Paket | ~~Comic~~ | sauber

der Comic

______ ______

______ ______

2 Schreibe das Verb in allen Personalformen.

Grundform	**hören**
ich	höre
du	
er	
wir	
ihr	
sie	

3 Was kann man nicht anfassen?
Unterstreiche alle abstrakten Nomen.

<u>Liebe</u> | Stolz | Mantel | Sand | Stuhl | Glück | Zorn | Arbeit | Durst

1 Kreise den Wortstamm ein.

wir legen	du spielst	er hört	fegen
spielen	ich folge	malen	folgen

2 Bilde die richtige Personalform.

geben	wir	geben	er	gibt
lieben	wir		du	
halten	wir		er	

3 Ergänze die Tabelle.

Grundstufe	**1. Vergleichsstufe**	**2. Vergleichsstufe**
schön	schöner	am schönsten
heiß		
		am lustigsten

4 Bilde zuerst die zweisilbige Form.
Schreibe dann das einsilbige Wort richtig auf.

d/t ? Kin	Kinder	Kind
g/k ? We		
g/k ? es spu t		

1 Ordne die Verbformen richtig zu.

helfen – ich helfe hören – du hörst ~~lesen – er liest~~
tragen – sie trägt holen – sie holen

Mika liest ein Buch.

Die Hunde ______ den Stock.

Ich ______ im Garten.

Du ______ einen Vogel.

Paula ______ ihr blaues T-Shirt.

2 Schreibe die Verben in allen Personalformen.
Achtung: Bei manchen Formen ändert sich der Wortstamm.

Grundform	helfen	
ich	helfe	
du		
er/sie/es		trägt
wir		tragen
ihr	helft	
sie		

Das stumme h im Wortstamm

Nur Wortstämme, die auf **l, m, n** und **r** enden, schreiben wir mit **h**.

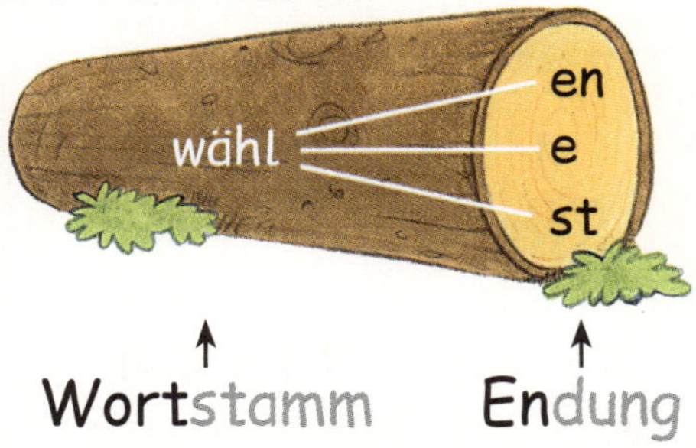

1 Kreise bei allen Wörtern den Wortstamm ein.

wählen	lehnen	nehmen	bohren
fühlen	fahren	zählen	kühlen

2 Unterstreiche den Buchstaben nach dem grün, wenn es ein l, m, n, oder r ist.

 fü ren führen

 sa gen

 gä nen

 se nen

 le ren

 kü len

 ru fen

 wo nen

3 Mit oder ohne h? Denke an die h-Regel und schreibe die Verben.

Wortfamilien

Wörter, die denselben Wortstamm haben, gehören zu einer Wortfamilie.

1 Kreise bei allen Wörtern den Wortstamm ein.

spielen	Spielzeit	spielerisch
Gehweg	gehen	Gehgips
Lesezeit	lesbar	lesen

2 In jeder Reihe gehört ein Wort nicht zur Wortfamilie. Streiche es durch.

käuflich	kaufen	~~kauen~~	Käufer
Lehrer	lehren	lehrreich	lernen
Sage	Säge	sagen	sagenhaft

3 Bilde eine Wortfamilie. Benutze das Wörterbuch.

fahren

fahr

Pronomen

Nomen kann man durch Pronomen ersetzen.
„pro“ ist lateinisch und bedeutet **„für“**.

Er, sie, es, ihr, ihn, ihm, ihnen sind z. B. Pronomen.

1 Ersetze die durchgestrichenen Nomen durch die Pronomen.

~~ihm~~ sie er es ihnen

Das Spiel macht ~~dem Hund~~ ihm Spaß.

Heute ist ~~Emma~~ ______ müde.

Gerne hilft ~~der Lehrer~~ ______ seinen Schülern.

Ist ~~das Essen~~ ______ zu salzig?

Frieda hat keine Angst vor ~~den hohen Bäumen~~ ______.

2 Trage die Pronomen richtig ein.
Achtung: Am Satzanfang schreiben wir groß.

~~er~~ es es ihr er

~~Der Vater~~ Er beruhigt ~~das Baby~~ ______.

~~Klettern~~ ______ ist spannend!

~~Sina~~ ______ schmeckt ~~der Eintopf~~ ______ heute besonders gut.

Wortarten

Nomen, Verben und Adjektive sind Wortarten.

Nomen schreibt man groß.
Sie sind die Namen von Menschen, Dingen, Gefühlen und anderem, z. B. **Haus**.

Verben sagen, was jemand tut oder was geschieht, z. B. **trinken**.

Adjektive beschreiben, wie jemand oder etwas ist, z. B. **grün**.

1 Unterstreiche die Nomen gelb, die Verben grün und die Adjektive blau.

~~Junge~~	alt	Haus	sauber	Apfel	lieb
gesund	Ast	Hand	geben	trinken	Käfig
grün	Tier	schön	neu	Saft	fressen

2 Trage die fehlenden Wörter aus Aufgabe 1 ein.

Der Junge reinigt den ______.

Hamster ______ Wasser.

In der Schale liegt ein ______.

Der Salat ist ______ und weiß.

Die Tiere ______ ihn gern.

1 Wer oder was ist gemeint? Ersetze die Pronomen durch die passenden Nomen.

~~die Kinder~~	der Hund	der Fuß	die Welt	das Brot

Geduldig warten ~~sie~~ die Kinder an der Ampel.

Laut kaut ~~er~~ ______________ am Knochen.

Warum tut ~~er~~ ______________ mir weh?

Lea will ~~sie~~ ______________ sehen.

Heute schmeckt ~~es~~ ______________ besonders gut!

2 Verb oder Adjektiv? Unterstreiche die Verben grün und die Adjektive blau.

Sei vorsichtig bei den heißen Apfeltaschen!
Wir heißen Müller mit Nachnamen.

Wir lieben Honig zum Frühstück.
Die lieben Bienen machen den Honig.

Die Lösungen lauten wie folgt …
Bei lauten Geräuschen erschrickt der Hund.

Die reichen Menschen spenden viel.
Das Popcorn wird bis zum Ende des Films reichen.

Wir kühlen die Cola.
Wer kann zu kühlen Getränken schon Nein sagen?

Zeitformen der Verben

Zeitformen geben an, in welcher Zeit etwas stattfindet.

Vergangenheit/Präteritum: **Der Vogel sang.**

Gegenwart/Präsens: **Der Vogel singt.**

1 Ergänze die Verben im Präteritum.

Präsens	Präteritum
sie bauen	sie bauten
er dankt	
sie fragt	
es lebt	

2 Ergänze die Verben im Präteritum.

Achtung: Bei diesen Verben ändert sich im Präteritum der Wortstamm!

Präsens	Präteritum
er singt	er sang
sie gibt	
es heißt	
er hilft	

1 Ergänze die Verben im Präteritum.

Diese Verben sehen im Präteritum ganz anders aus.

Präsens	Präteritum
sie haben	sie hatten
er bringt	
sie sitzt	
er steht	
es ist	

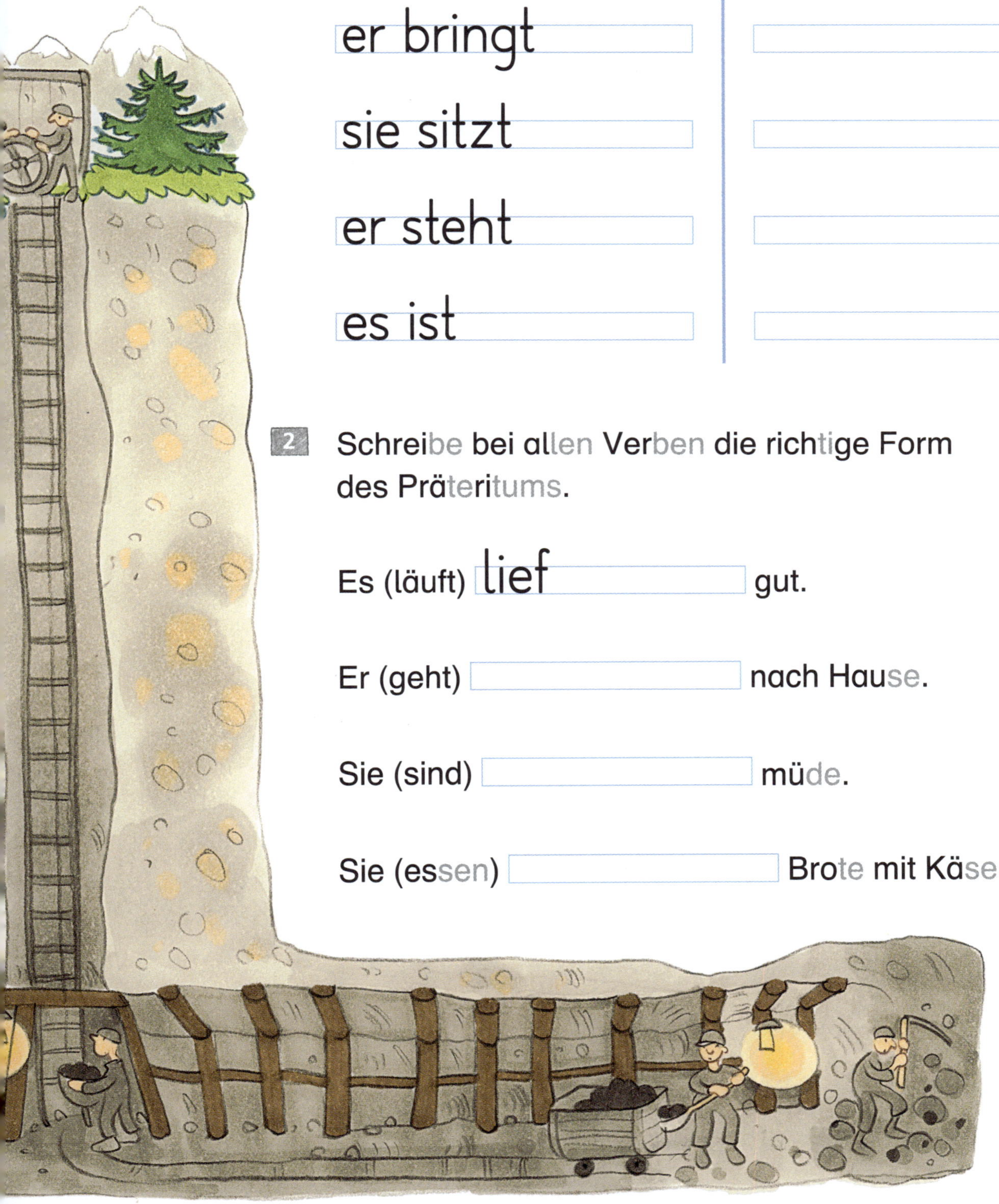

2 Schreibe bei allen Verben die richtige Form des Präteritums.

Es (läuft) lief gut.

Er (geht) ______ nach Hause.

Sie (sind) ______ müde.

Sie (essen) ______ Brote mit Käse.

1 Schreibe bei allen Verben die richtige Personalform.

Mika (lesen) liest ______ ein Buch.

Warte, ich (helfen) ______ dir!

Paula (tragen) ______ den Einkauf.

Firas, (hören) ______ du den Vogel?

2 Mit oder ohne h? Denke an die h-Regel und schreibe die Verben.

 fa ren fahren

 ne men ______

 ru fen ______

 sa gen ______

 kü len ______

 gä nen ______

3 Kreise bei allen Wörtern den Wortstamm ein.

Gehgips	Gehweg	gehen
lesen	lesbar	Lesezeit
Spielzeit	spielen	spielerisch

4 In jeder Reihe gehört ein Wort nicht zur Wortfamilie. Streiche es durch.

Lehrer lehren ~~lernen~~ lehrreich

Hilfe helfen hilfreich holen

Sage sagen sägen sagenhaft

1 Ersetze die durchgestrichenen Nomen durch die Pronomen.
Achtung: Am Satzanfang schreiben wir groß.

er | sie | ~~es~~ | es | sie | ihm

~~Das Spiel~~ Es ______ macht ~~dem Hund~~ ______ Spaß.

~~Die Enkel~~ ______ besuchen ~~die Oma~~ ______ heute.

~~Der Vogel~~ ______ singt ~~sein Lied~~ ______ laut.

2 Unterstreiche die Nomen gelb, die Verben grün und die Adjektive blau.

trinken | Käfer | geben | Apfel | grün | neu

3 Ergänze die Verben im Präteritum.

Präsens	**Präteritum**
er singt	er sang
sie bauen	
es ist	
er steht	
sie fragt	
sie gibt	

Redebegleitsatz

Der Redebegleitsatz mit Doppelpunkt **:** gibt an, wer spricht.

Wörtliche Rede

Die wörtliche Rede steht in Anführungszeichen **„…“** und ist das, was gesprochen wird.

1 Unterstreiche den Redebegleitsatz rot und die wörtliche Rede blau.

Hanna fragt Mama: „Darf ich ein neues Spiel auf dem Computer spielen?“

Mama antwortet: „Was ist das für ein Spiel?“

Hanna erwidert: „Man baut sich einen Freizeitpark.“

Mama lacht: „Das klingt spannend. Ich schaue mir das mal an.“

2 Ergänze den Doppelpunkt und die Anführungszeichen.

Hanna sagt: „Hier ist das Spiel.“

Mama bemerkt Das Spiel kann man ja auch zu zweit spielen.

Hanna nickt Ich weiß. Zarah würde auch gerne mal mitspielen.

Mama entgegnet Gerne. Aber frage mich vorher, bevor ihr an unseren Computer geht.

Hanna überlegt Vielleicht würde auch Oma mal so einen Freizeitpark aufbauen wollen.

Mama sagt Das ist eine gute Idee. Rufe sie doch an oder schreibe ihr eine E-Mail.

1 Ordne jedem Begleitsatz eine passende wörtliche Rede zu.

Oma sagt:	„Ich finde meine Schuhe nicht!“
Hakim ruft:	„Ich habe sie vor die Tür gestellt.“
Opa fragt:	„Dein Bus kommt gleich.“
Oma antwortet:	„Stehen sie nicht im Flur?“

2 Schreibe die Sätze richtig auf. Achte auf die Zeichensetzung bei der wörtlichen Rede.

Oma sagt: „Dein Bus kommt gleich.“

Zusammengesetzte Nomen sagen genauer,
was gemeint ist.

1 Ergänze die fehlenden Wortbausteine.

Apfel	Kinder	Rad	~~Vogel~~

Wir bauen ein Vogel haus in der Schule.

Ich fahre auf dem ______ weg.

Oskar trinkt gerne ______ saft.

Idas Schwester geht noch in den ______ garten.

2 Schreibe die zusammengesetzten Nomen. Schreibe wie im Beispiel.

~~Käsekuchen~~	Windrad	Gartenbank	Schulhaus

der Käse – der Kuchen: der Käsekuchen

______

______

______

______

______

1 Welches Wort mit Eu/eu wird gesucht? Der Silbenpool hilft dir.

pa heu ~~nis~~ Eu Freund
neu te ~~Zeug~~ ro treu

Beurteilung → Zeugnis

nicht alt →

nicht gestern →

nicht Feind →

Kontinent →

zuverlässig →

2 Welches Wort mit Eu/eu wird gesucht? Der Silbenpool hilft dir.

neun Feu ro ~~Leu~~ ~~te~~
le Kreuz Eu er Eu

 Leute

9

3 Welche Verben mit eu werden gesucht? Der Silbenpool hilft dir.

heu deu ~~freu~~ leuch
~~en~~ ten ten len

sich nicht ärgern → sich freuen

glühen →

laut weinen →

hinzeigen →

Vorsilben

verändern die Bedeutung von Wörtern.

(ver)kaufen ~~(ver)schlafen~~ (ver)bieten

1 Schreibe die passenden Verben in die Lücken.

Tim schläft gern lang.

Er verschläft manchmal.

Suri __________ sich ein Eis.

Sie __________ ihre Puppe im Internet.

Elisa __________ für eine Puppe im Internet.

Sie __________ ihrem Vater, ihr dabei zu helfen.

2 Schreibe im Präsens und Präteritum.
Beachte den Wortstamm. Ändert er sich?

	Präsens	**Präteritum**
verschlafen	er verschläft	er verschlief
verlieren		
		er vergab

Prädikat

Durch die Fragen **„Was tut …?“** oder **„Was tun …?“** findest du das Prädikat.

Der Ball | fliegt | über die Mauer.

1 Setze ein und forme um.

Jonas | sitzt | an dem Tisch.

An dem Tisch | ______ | Jonas.

______ | ______ | an dem Tisch?

Die Ente | lebt | im See.

______ | ______ | ______

______ | ______ | ______

2 Unterstreiche jeweils das Prädikat.

Oma <u>verkauft</u> Kekse auf dem Markt.

Auf dem Rasen liegt eine Katze.

Kocht Papa wieder sein Gulasch?

Bertan isst eine Banane.

1 Bilde neue Nomen mit der Vorsilbe „Vor-“.
Schreibe sie mit dem bestimmten Artikel auf.

Vor-	-runde	die Runde	die Vorrunde
	-hang		
	-name		
	-ort		
	-rat		

2 Bilde neue Verben mit der Vorsilbe „vor-“.
Schreibe sie in der Grundform und in der er-Form auf.

vor-	-schlagen	vorschlagen	er schlägt vor
	-sagen		
	-stellen		
	-ziehen		
	-lesen		

Nomen: der-die-das-Probe

Nomen sind Namen von Menschen, Tieren und Dingen.

Man schreibt sie groß. Du kannst sie erkennen, wenn ein Artikel **der**, **die**, **das** oder **ein**, **eine** davorpasst.

1 Welche Wörter sind Nomen? Unterstreiche sie.

~~nase~~ sauber kalt ~~paket~~ ~~ente~~ ~~dose~~ ~~vogel~~ blau ~~comic~~ dort ~~erde~~ nie ~~käse~~ tut

2 Schreibe die Nomen mit bestimmtem Artikel auf.
Denke an die der-die-das-Probe.

der Comic — der Vogel
die Ente — der Käse
die Nase — die Dose
das Paket — die Erde

3 Schreibe die restlichen Wörter auf.

kalt — nie
blau — sauber
dort — tut

Verben

- sagen, was jemand tut oder was geschieht.
- schreiben wir klein.
- haben eine Grundform (**lachen**)
und verschiedene Personalformen (**ich lache, du lachst, er lacht, wir lachen, ihr lacht, sie lachen**).

1 Unterstreiche die Verben.

<u>rechnen</u> Elefant Hose <u>hören</u> blau gut

2 Schreibe die Verben aus Aufgabe 1 in allen Personalformen.

Grundform	rechnen	hören
ich	rechne	höre
du	rechnest	hörst
er	rechnet	hört
wir	rechnen	hören
ihr	rechnet	hört
sie	rechnen	hören

Abstrakte Nomen

benennen Gefühle oder anderes, das man nicht sehen kann.

1 Unterstreiche alle abstrakten Nomen.

Mantel ~~Pause~~ ~~Stolz~~ Comic ~~Durst~~ ~~Alter~~ ~~Liebe~~ ~~Freude~~ ~~Arbeit~~ Sand Bauch ~~Wut~~ ~~Zorn~~ Bett ~~Glück~~ Wasser

2 Schreibe die abstrakten Nomen mit Artikel auf.

die Liebe — das Glück
der Stolz — die Freude
das Alter — die Pause
die Wut — die Arbeit
der Durst — der Zorn

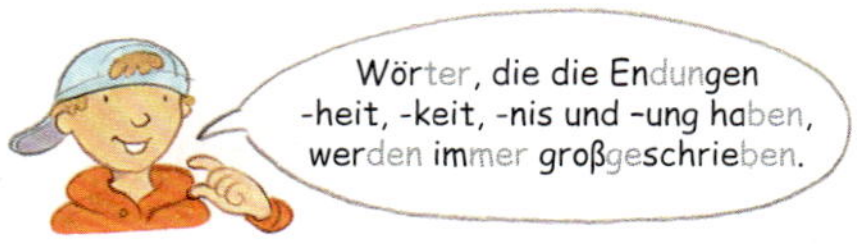

1 Trage die Wörter richtig ein.

~~höflich~~ ~~ärger~~ ~~freundlich~~ ~~geheim~~ ~~erleb~~ ~~einsam~~

-keit	-nis
Freundlichkeit	Ärgernis
Höflichkeit	Erlebnis
Einsamkeit	Geheimnis

~~krank~~ ~~acht~~ ~~heiz~~ ~~ordn~~ ~~frei~~ ~~schön~~ ~~gesund~~ ~~entfern~~

-heit	-ung
Krankheit	Achtung
Gesundheit	Entfernung
Freiheit	Heizung
Schönheit	Ordnung

Verben

haben einen Wortstamm und eine Endung.

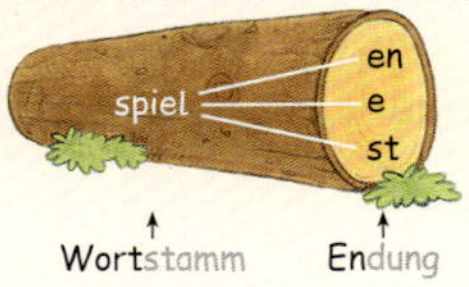

1 Kreise den Wortstamm ein.

(geh)en (feg)en (mal)en (folg)en
(bleib)en (spiel)en (mix)en (reiß)en
(ruf)en (leg)en (denk)en (rechn)en

2 Kreise auch hier den Wortstamm ein.

du (geh)st er (hör)t
wir (sitz)en ich (folg)e

3 Trage die Verben aus Aufgabe 2 an der richtigen Stelle ein.

Emil, gehst du mit?

Er hört einen Vogel.

Wir sitzen auf einem Baum.

Ich folge dir.

1 Bilde die richtigen Personalformen.

lieben	wir	lieben	du	liebst
hören	wir	hören	er	hört
suchen	wir	suchen	ich	suche
denken	wir	denken	er	denkt

2 Trage ein.

geben	wir	geben	→	er	gibt
brechen	wir	brechen	→	er	bricht
helfen	wir	helfen	→	er	hilft

3 Trage ein.

halten	wir	halten	→	er	hält
tragen	wir	tragen	→	er	trägt
waschen	wir	waschen	→	er	wäscht

Adjektive

beschreiben, wie jemand oder etwas ist.
Sie können die Endung -ig oder -lich haben.

1 Unterstreiche die Adjektive.

alt blau hallo heiß wieder
fleißig rund werden südlich
hässlich zwölf traurig bis

2 -ig oder -lich? Trage die Adjektive richtig ein.

~~grusel-~~ ~~frost-~~ ~~öst-~~
~~kind-~~ ~~mut-~~ ~~wolk-~~ ~~glück-~~
~~täg-~~ ~~zorn-~~ ~~höf-~~

-ig	-lich
gruselig	östlich
frostig	kindlich
mutig	glücklich
wolkig	täglich
zornig	höflich

Adjektive steigern

Adjektive können gesteigert werden:
schön, schöner, am schönsten

Das ist die Grundform: **schön**

Die 1. Vergleichsstufe wird mit -er gebildet: **schöner**

Die 2. Vergleichsstufe wird mit am und -sten gebildet:
am schönsten

1 Verbinde die drei Formen eines Adjektivs jeweils mit einer Farbe.

schön	lustiger	am heißesten
heiß	schöner	am rundesten
rund	heißer	am lustigsten
lustig	runder	am schönsten

2 Trage die Adjektive aus Aufgabe 1 in die Tabelle ein.

Grundstufe	1. Vergleichsstufe	2. Vergleichsstufe
schön	schöner	am schönsten
heiß	heißer	am heißesten
rund	runder	am rundesten
lustig	lustiger	am lustigsten

1 Mache aus dem Aussagesatz einen Fragesatz. Forme also um.

Aussage: Der Ball ist rot.
Frage: Ist der Ball rot?

Aussage: Leon mag keine Bananen.
Frage: Mag Leon keine Bananen?

Aussage: Sara will spielen.
Frage: Will Sara spielen?

2 Mache aus dem Fragesatz einen Aussagesatz. Forme also um.

Aussage: Der Hase heißt Heino.
Frage: Heißt der Hase Heino?

Aussage: Tarek hört Musik.
Frage: Hört Tarek Musik?

Aussage: Das Kind malt ein Bild.
Frage: Malt das Kind ein Bild?

b oder p? *d oder t?* *g oder k?*
Die richtige Schreibweise am Ende eines Wortes (Auslaut) findest du durch Verlängern:
Kinder – Kind **schieben – schiebt** **fegen – fegt**

1 Bilde zuerst die zweisilbige Form.
Schreibe dann das einsilbige Wort richtig auf.

 d/t Kin_ Kinder Kind
 g/k Bur_ Burgen Burg
 g/k We_ Wege Weg
 d/t Pfer_ Pferde Pferd
 b/p Die_ Diebe Dieb

2 Bilde zuerst die zweisilbige Form.
Schreibe dann das einsilbige Wort richtig auf.

b/p er schie_t schieben er schiebt
g/k er fe_t fegen er fegt
g/k es spu_t spuken es spukt
g/k er bie_t biegen er biegt

1 Schreibe die Nomen mit bestimmtem Artikel auf.

~~Erde~~ blau nie ~~Ente~~
~~Paket~~ ~~Comic~~ sauber

der Comic die Erde
die Ente das Paket

2 Schreibe das Verb in allen Personalformen.

Grundform	**hören**
ich	höre
du	hörst
er	hört
wir	hören
ihr	hört
sie	hören

3 Was kann man nicht anfassen?
Unterstreiche alle abstrakten Nomen.

<u>Liebe</u> <u>Stolz</u> Mantel Sand
Stuhl <u>Glück</u> <u>Zorn</u> <u>Arbeit</u> <u>Durst</u>

1 Kreise den Wortstamm ein.

wir (leg)en | du (spiel)st | er (hör)t | (feg)en
(spiel)en | ich (folg)e | (mal)en | (folg)en

2 Bilde die richtige Personalform.

geben wir geben er gibt
lieben wir lieben du liebst
halten wir halten er hält

3 Ergänze die Tabelle.

Grundstufe	**1. Vergleichsstufe**	**2. Vergleichsstufe**
schön	schöner	am schönsten
heiß	heißer	am heißesten
lustig	lustiger	am lustigsten

4 Bilde zuerst die zweisilbige Form.
Schreibe dann das einsilbige Wort richtig auf.

d/t Kin_ Kinder Kind
g/k We_ Wege Weg
g/k es spu_t spuken es spukt

1 Ordne die Verbformen richtig zu.

~~helfen – ich helfe~~ ~~hören – du hörst~~ ~~lesen – er liest~~ ~~tragen – sie trägt~~ ~~holen – sie holen~~

Mika liest ein Buch.

Die Hunde holen den Stock.

Ich helfe im Garten.

Du hörst einen Vogel.

Paula trägt ihr blaues T-Shirt.

2 Schreibe die Verben in allen Personalformen.
Achtung: Bei manchen Formen ändert sich der Wortstamm.

Grundform	helfen	tragen
ich	helfe	trage
du	hilfst	trägst
er/sie/es	hilft	trägt
wir	helfen	tragen
ihr	helft	tragt
sie	helfen	tragen

Das stumme h im Wortstamm

Nur Wortstämme, die auf **l, m, n** und **r** enden, schreiben wir mit **h**.

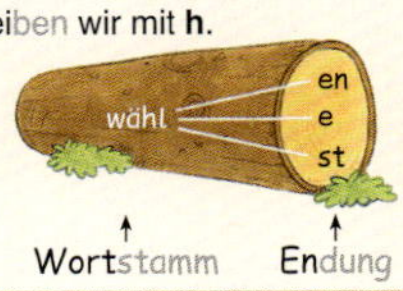

1 Kreise bei allen Wörtern den Wortstamm ein.

(wähl)en (lehn)en (nehm)en (bohr)en
(führ)en (fahr)en (zähl)en (kühl)en

2 Unterstreiche den Buchstaben nach dem ● grün, wenn es ein l, m, n, oder r ist.

fü ● ren	führen	sa ● gen	sagen
gä ● nen	gähnen	se ● nen	sehnen
le ● ren	lehren	kü ● len	kühlen
ru ● fen	rufen	wo ● nen	wohnen

3 Mit oder ohne h? Denke an die h-Regel und schreibe die Verben.

Wortfamilien

Wörter, die denselben Wortstamm haben, gehören zu einer Wortfamilie.

1 Kreise bei allen Wörtern den Wortstamm ein.

(spiel)en (Spiel)zeit (spiel)erisch
(Geh)weg (geh)en (Geh)gips
(Les)ezeit (les)bar (les)en

2 In jeder Reihe gehört ein Wort nicht zur Wortfamilie. Streiche es durch.

käuflich kaufen ~~kauen~~ Käufer
Lehrer lehren lehrreich ~~lernen~~
Sage ~~Säge~~ sagen sagenhaft

3 Bilde eine Wortfamilie. Benutze das Wörterbuch.

fahr: fahren, Fahrt, Fahrerin, Fahrrad, Fahrkarte, abfahren

(individuelle Lösung)

Pronomen

Nomen kann man durch Pronomen ersetzen.
„pro" ist lateinisch und bedeutet **„für"**.
Er, sie, es, ihr, ihn, ihm, ihnen sind z. B. Pronomen.

1 Ersetze die durchgestrichenen Nomen durch die Pronomen.

~~ihm~~ ~~sie~~ ~~er~~ ~~es~~ ~~ihnen~~

Das Spiel macht ~~dem Hund~~ ihm Spaß.

Heute ist ~~Emma~~ sie müde.

Gerne hilft ~~der Lehrer~~ er seinen Schülern.

Ist ~~das Essen~~ es zu salzig?

Frieda hat keine Angst vor ~~den hohen Bäumen~~ ihnen.

2 Trage die Pronomen richtig ein.
Achtung: Am Satzanfang schreiben wir groß.

~~er~~ ~~es~~ ~~es~~ ~~ihr~~ ~~er~~

~~Der Vater~~ Er beruhigt ~~das Baby~~ es.

~~Klettern~~ Es ist spannend!

~~Sina~~ Ihr schmeckt ~~der Eintopf~~ er heute besonders gut.

Wortarten

Nomen, Verben und Adjektive sind Wortarten.

Nomen schreibt man groß.
Sie sind die Namen von Menschen, Dingen, Gefühlen und anderem, z. B. **Haus**.

Verben sagen, was jemand tut oder was geschieht, z. B. **trinken**.

Adjektive beschreiben, wie jemand oder etwas ist, z. B. **grün**.

1 Unterstreiche die Nomen gelb, die Verben grün und die Adjektive blau.

~~Junge~~ alt Haus sauber ~~Apfel~~ lieb
gesund Ast Hand geben ~~trinken~~ ~~Käfig~~
~~grün~~ Tier schön neu Saft ~~fressen~~

2 Trage die fehlenden Wörter aus Aufgabe 1 ein.

Der Junge reinigt den Käfig.

Hamster trinken Wasser.

In der Schale liegt ein Apfel.

Der Salat ist grün und weiß.

Die Tiere fressen ihn gern.

1 Wer oder was ist gemeint? Ersetze die Pronomen durch die passenden Nomen.

~~die Kinder~~ ~~der Hund~~ ~~der Fuß~~ ~~die Welt~~ ~~das Brot~~

Geduldig warten ~~sie~~ die Kinder an der Ampel.

Laut kaut ~~er~~ der Hund am Knochen.

Warum tut ~~er~~ der Fuß mir weh?

Lea will ~~sie~~ die Welt sehen.

Heute schmeckt ~~es~~ das Brot besonders gut!

2 Verb oder Adjektiv? Unterstreiche die Verben grün und die Adjektive blau.

Sei vorsichtig bei den heißen Apfeltaschen!
Wir heißen Müller mit Nachnamen.

Wir lieben Honig zum Frühstück.
Die lieben Bienen machen den Honig.

Die Lösungen lauten wie folgt …
Bei lauten Geräuschen erschrickt der Hund.

Die reichen Menschen spenden viel.
Das Popcorn wird bis zum Ende des Films reichen.

Wir kühlen die Cola.
Wer kann zu kühlen Getränken schon Nein sagen?

Zeitformen der Verben

Zeitformen geben an, in welcher Zeit etwas stattfindet.
Vergangenheit / Präteritum: **Der Vogel sang.**
Gegenwart / Präsens: **Der Vogel singt.**

1 Ergänze die Verben im Präteritum.

Präsens	**Präteritum**
sie bauen	sie bauten
er dankt	er dankte
sie fragt	sie fragte
es lebt	es lebte

2 Ergänze die Verben im Präteritum.

Präsens	**Präteritum**
er singt	er sang
sie gibt	sie gab
es heißt	es hieß
er hilft	er half

1 Ergänze die Verben im Präteritum.

Präsens	**Präteritum**
sie haben	sie hatten
er bringt	er brachte
sie sitzt	sie saß
er steht	er stand
es ist	es war

2 Schreibe bei allen Verben die richtige Form des Präteritums.

Es (läuft) lief gut.

Er (geht) ging nach Hause.

Sie (sind) waren müde.

Sie (essen) aßen Brote mit Käse.

1 Schreibe bei allen Verben die richtige Personalform.

Mika (lesen) liest ein Buch.

Warte, ich (helfen) helfe dir!

Paula (tragen) trägt den Einkauf.

Firas, (hören) hörst du den Vogel?

2 Mit oder ohne h? Denke an die h-Regel und schreibe die Verben.

fa ● ren	fahren	ne ● men	nehmen
ru ● fen	rufen	sa ● gen	sagen
kü ● len	kühlen	gä ● nen	gähnen

3 Kreise bei allen Wörtern den Wortstamm ein.

(Geh)gips	(Geh)weg	(geh)en
(les)en	(les)bar	(Les)ezeit
(Spiel)zeit	(spiel)en	(spiel)erisch

4 In jeder Reihe gehört ein Wort nicht zur Wortfamilie. Streiche es durch.

Lehrer lehren ~~lernen~~ lehrreich

Hilfe helfen hilfreich ~~holen~~

Sage sagen ~~sägen~~ sagenhaft

1 Ersetze die durchgestrichenen Nomen durch die Pronomen.
Achtung: Am Satzanfang schreiben wir groß.

~~er~~ ~~sie~~ ~~es~~ ~~es~~ ~~sie~~ ~~ihm~~

~~Das Spiel~~ Es macht ~~dem Hund~~ ihm Spaß.

~~Die Enkel~~ Sie besuchen ~~die Oma~~ sie heute.

~~Der Vogel~~ Er singt ~~sein Lied~~ es laut.

2 Unterstreiche die Nomen gelb, die Verben grün und die Adjektive blau.

trinken Käfer geben Apfel grün neu

3 Ergänze die Verben im Präteritum.

Präsens	Präteritum
er singt	er sang
sie bauen	sie bauten
es ist	es war
er steht	er stand
sie fragt	sie fragte
sie gibt	sie gab

Redebegleitsatz

Der Redebegleitsatz mit Doppelpunkt : gibt an, wer spricht.

Wörtliche Rede

Die wörtliche Rede steht in Anführungszeichen „…“ und ist das, was gesprochen wird.

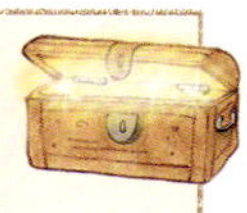

1 Unterstreiche den Redebegleitsatz rot und die wörtliche Rede blau.

Hanna fragt Mama: „Darf ich ein neues Spiel auf dem Computer spielen?“

Mama antwortet: „Was ist das für ein Spiel?“

Hanna erwidert: „Man baut sich einen Freizeitpark.“

Mama lacht: „Das klingt spannend. Ich schaue mir das mal an.“

2 Ergänze den Doppelpunkt und die Anführungszeichen.

Hanna sagt: „Hier ist das Spiel.“
Mama bemerkt: „Das Spiel kann man ja auch zu zweit spielen.“
Hanna nickt: „Ich weiß. Zarah würde auch gerne mal mitspielen.“
Mama entgegnet: „Gerne. Aber frage mich vorher, bevor ihr an unseren Computer geht.“
Hanna überlegt: „Vielleicht würde auch Oma mal so einen Freizeitpark aufbauen wollen.“
Mama sagt: „Das ist eine gute Idee. Rufe sie doch an oder schreibe ihr eine E-Mail.“

1 Ordne jedem Begleitsatz eine passende wörtliche Rede zu.

- Oma sagt: – „Dein Bus kommt gleich.“
- Hakim ruft: – „Ich finde meine Schuhe nicht!“
- Opa fragt: – „Stehen sie nicht im Flur?“
- Oma antwortet: – „Ich habe sie vor die Tür gestellt.“

2 Schreibe die Sätze richtig auf. Achte auf die Zeichensetzung bei der wörtlichen Rede.

Oma sagt: „Dein Bus kommt gleich.“
Hakim ruft: „Ich finde meine Schuhe nicht!“
Opa fragt: „Stehen sie nicht im Flur?“
Oma antwortet: „Ich habe sie vor die Tür gestellt.“

Zusammengesetzte Nomen sagen genauer, was gemeint ist.

1 Ergänze die fehlenden Wortbausteine.

Apfel Kinder Rad Vogel

Wir bauen ein Vogel haus in der Schule.

Ich fahre auf dem Rad weg.

Oskar trinkt gerne Apfel saft.

Idas Schwester geht noch in den Kinder garten.

2 Schreibe die zusammengesetzten Nomen. Schreibe wie im Beispiel.

Käsekuchen Windrad Gartenbank Schulhaus

der Käse – der Kuchen: der Käsekuchen

der Wind – das Rad: das Windrad

der Garten – die Bank: die Gartenbank

die Schule – das Haus: das Schulhaus

1 Welches Wort mit Eu/eu wird gesucht? Der Silbenpool hilft dir.

pa heu nis Eu Freund neu te Zeug ro treu

Beurteilung → Zeugnis

nicht alt → neu

nicht gestern → heute

nicht Feind → Freund

Kontinent → Europa

zuverlässig → treu

2 Welches Wort mit Eu/eu wird gesucht? Der Silbenpool hilft dir.

neun Feu ro Leu le te Kreuz Eu er Eu

Leute

Eule

Euro

neun

Feuer

Kreuz

3 Welche Verben mit eu werden gesucht? Der Silbenpool hilft dir.

heu deu freu leuch len ten ten en

sich nicht ärgern → sich freuen

glühen → leuchten

laut weinen → heulen

hinzeigen → deuten

Vorsilben

verändern die Bedeutung von Wörtern.

(ver)kaufen (ver)schlafen (ver)bieten

1 Schreibe die passenden Verben in die Lücken.

Tim schläft gern lang.

Er verschläft manchmal.

Suri kauft sich ein Eis.

Sie verkauft ihre Puppe im Internet.

Elisa bietet für eine Puppe im Internet.

Sie verbietet ihrem Vater, ihr dabei zu helfen.

2 Schreibe im Präsens und Präteritum.
Beachte den Wortstamm. Ändert er sich?

	Präsens	Präteritum
verschlafen	er verschläft	er verschlief
verlieren	er verliert	er verlor
vergeben	er vergibt	er vergab

Prädikat

Durch die Fragen **„Was tut …?"** oder **„Was tun …?"** findest du das Prädikat.

Der Ball | fliegt | über die Mauer.

1 Setze ein und forme um.

Jonas | sitzt | an dem Tisch.

An dem Tisch | sitzt | Jonas.

Sitzt | Jonas | an dem Tisch?

Die Ente | lebt | im See.

Im See | lebt | die Ente.

Lebt | die Ente | im See?

2 Unterstreiche jeweils das Prädikat.

Oma verkauft Kekse auf dem Markt.

Auf dem Rasen liegt eine Katze.

Kocht Papa wieder sein Gulasch?

Bertan isst eine Banane.

1 Bilde neue Nomen mit der Vorsilbe „Vor-“.
Schreibe sie mit dem bestimmten Artikel auf.

Vor- | -runde, -hang, -name, -ort, -rat

die Runde	die Vorrunde
der Hang	der Vorhang
der Name	der Vorname
der Ort	der Vorort
der Rat	der Vorrat

2 Bilde neue Verben mit der Vorsilbe „vor-“.
Schreibe sie in der Grundform und in der er-Form auf.

vor- | -schlagen, -sagen, -stellen, -ziehen, -lesen

vorschlagen	er schlägt vor
vorsagen	er sagt vor
vorstellen	er stellt vor
vorziehen	er zieht vor
vorlesen	er liest vor

Wörter mit V/v
Manchmal hörst du ein F oder W, du musst aber V schreiben.
Diese Wörter musst du dir merken!

1 Schreibe die Wörter mit V/v.

ogel	Vogel	ulkan	Vulkan
ater	Vater	ier	vier
ase	Vase	oll	voll

2 V/v, W/w oder F/f? Schreibe die Wörter.

ampir	Vampir	Kla ier	Klavier
olke	Wolke	ür	für
bra	brav	on	von

3 Welches V-Wort wird gesucht?

Blutsauger → Vampir	4 → vier
nicht Mutter → Vater	nicht leer → voll
artig → brav	nicht hinter → vor
Blumengefäß → Vase	Instrument → Klavier

1 Ergänze im Text die Doppelpunkte und die Anführungszeichen.

Umut fragt Malte: „Gehst du heute mit mir schwimmen?“
Malte antwortet: „Ich muss vorher noch mit dem Hund raus.“
Umut überlegt: „Dafür reicht die Zeit auf jeden Fall.“
Malte ruft: „Klasse, dann bis um vier vor dem Freibad!“

2 Bilde neue Verben. Schreibe die Grundform und die er-Form.

ver- | -schlafen, -kaufen, -bieten

verschlafen	er verschläft
verkaufen	er verkauft
verbieten	er verbietet

vor- | -lesen, -sagen, -stellen

vorlesen	sie liest vor
vorsagen	sie sagt vor
vorstellen	sie stellt vor

3 Bilde neue Nomen. Schreibe sie mit dem bestimmten Artikel auf.

Vor- | -hang, -name, -ort

der Hang	der Vorhang
der Name	der Vorname
der Ort	der Vorort

1 Welche Wörter mit eu werden gesucht?

Beurteilung → Zeugnis	unser Geld → Euro
nicht gestern → heute	9 → neun

2 Welches V-Wort wird gesucht?

Blutsauger → Vampir	4 → vier
nicht leer → voll	nicht Mutter → Vater

3 Stelle den Satz um.

Umut	ist	im Freibad.
Im Freibad	ist	Umut.
Ist	Umut	im Freibad?

4 Welcher Satzbaustein ist das Prädikat?
Kreuze an:

☐ ☒ ☐

i oder ie?

Kommt in der 1. Silbe nach dem Vokal noch ein weiterer Buchstabe, schreiben wir i, z. B. **Winter**.

Kommt kein weiterer Buchstabe, schreiben wir ie, z. B. **Biene**.

1 Schreibe die Wörter mit i.

W◯nter	Winter	S◯lber	Silber
H◯lfe	Hilfe	B◯lder	Bilder

2 Unterstreiche den Buchstaben nach dem Vokal in der 1. Silbe.

3 In der ersten Silbe kommt kein Buchstabe nach dem Vokal. Schreibe die Wörter mit ie.

B◯ne	Biene	L◯be	Liebe
R◯se	Riese	W◯se	Wiese

4 i oder ie? Schreibe die Wörter.

Br◯fe	Briefe	K◯nder	Kinder
P◯nsel	Pinsel	Z◯ge	Ziege
K◯ste	Kiste	L◯der	Lieder
Sp◯gel	Spiegel	F◯lme	Filme

Subjekt

Durch die Frage **„Wer oder was** macht etwas?" findest du im Satz das Subjekt.

1 Unterstreiche jeweils das Subjekt.

Lena besucht ihre Oma. Laut quaken die Frösche.
Opa gießt die Blumen. Vom Baum fallen die Äpfel.
Gehe ich schwimmen? Der Computer ging kaputt.

2 Wer macht was? Schreibe das passende Subjekt auf.

Die Enten quaken.
Jonas ruft seinen Hund Rumo.
Rumo kommt.
Rami pustet auf.
Luna sagt Hallo zu Rami.

1 Schreibe die fehlenden Formen der Adjektive.
Achtung: Bei manchen Formen ändert sich der Wortstamm.

Grundstufe	1. Vergleichsstufe	2. Vergleichsstufe
schön	schöner	am schönsten
hart	härter	am härtesten
süß	süßer	am süßesten
wild	wilder	am wildesten
warm	wärmer	am wärmsten

2 Ergänze die Lücken. Achtung: Bei manchen Wörtern ändert sich der Wortstamm.

(jung) Ich bin jung. Mein Bruder ist aber jünger als ich.

(alt) Mama ist älter als ich.
Oma ist am ältesten.

(leise) Die Katze ist leise. Ich bin leiser als die Katze.
Der Fisch ist am leisesten.

(teuer) Das Buch ist teuer. Das Spiel ist teurer.
Das Computerspiel ist am teuersten.

Zusammengesetzte Adjektive sagen genauer, was gemeint ist.

1 Schreibe die zusammengesetzten Adjektive auf.

leicht wie eine Feder	stark wie ein Bär
federleicht	bärenstark
rot wie Feuer	rund wie eine Kugel
feuerrot	kugelrund
müde wie ein Hund	hart wie Stein
hundemüde	steinhart

2 Was gehört zusammen? Verbinde.

- bitter – kalt
- süß – sauer
- Felsen – fest
- Nagel – neu

neu → nagelneu
kalt → bitterkalt
sauer → süßsauer
fest → felsenfest

3 Schreibe die zusammengesetzten Adjektive hinter die Pfeile.

Fremdwörter

sind Wörter aus anderen Sprachen,
vor allem aus dem Lateinischen.
Die Verbformen enden auf -ieren.

1 Was gehört zusammen? Verbinde.

jonglieren	eine Tapete anbringen
servieren	Geschicklichkeitsspiel
tapezieren	ein Zeichen geben
signalisieren	Essen und Trinken bringen
komponieren	Musik aufschreiben

2 Wie lauten die Verben auf -ieren?

- die Addition → addieren
- die Reparatur → reparieren
- der Galopp → galoppieren
- die Balance → balancieren
- die Musik → musizieren

1 Bilde Nomen aus den Wörtern und schreibe sie auf.

~~freundlich~~ ~~finster~~ ~~geheim~~ ~~achten~~ ~~einsam~~ ~~schön~~

Freundlichkeit	Achtung
Finsternis	Einsamkeit
Geheimnis	Schönheit

2 Welche Nomen mit den Endungen -heit, -keit, -nis und -ung passen? Schreibe sie in die Lücken. Der Wörterpool hilft dir.

~~gesund~~ ~~krank~~ ~~füttern~~ ~~wandern~~ ~~mischen~~

Eine Wanderung ist mehr als ein langer Spaziergang.

Bei einem Müsli kommt es auf die Mischung an.

Hat man eine Krankheit, geht man zu einem Arzt.

Denn die Gesundheit ist wichtig.

Ein Hamster freut sich immer auf die Fütterung.

Vergangenheit

Die zusammengesetzte Vergangenheit (Perfekt) wird beim Sprechen benutzt: **Ich bin gefahren, er hat gehört.**

Beim Schreiben wird die einfache Vergangenheit (Präteritum) verwendet: **Ich fuhr, er hörte.**

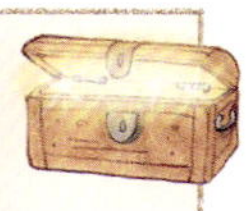

1 Schreibe im Präteritum.

Er lernte Spanisch.

Sie roch an den Blumen.

Er ärgerte mich.

Sie flüsterte.

2 Verbinde die Verbformen.
Achtung: Bei den Wörtern ändert sich der Wortstamm.

er hat gekannt	er traf
er hat gelassen	er maß
er hat gemessen	er ließ
er hat getroffen	er kannte

1 Präsens, Präteritum oder Perfekt? Verbinde.

Ich lese einen Comic.	Präsens	Sie ging schnell.
Er geht zur Schule.	Präteritum	Er las die Anleitung genau.
Sie hat das Buch gelesen.	Perfekt	Ich bin in den Park gegangen.

2 Ergänze die Tabellen.

Grundform	gehen	lesen
Präsens	ich gehe	ich lese
Präteritum	ich ging	ich las
Perfekt	ich bin gegangen	ich habe gelesen

Grundform	machen	kennen
Präsens	ich mache	ich kenne
Präteritum	ich machte	ich kannte
Perfekt	ich habe gemacht	ich habe gekannt

1 i oder ie? Schreibe die Wörter.

B●ne	Biene	Sp●gel	Spiegel
K●ste	Kiste	L●be	Liebe
W●nter	Winter	P●nsel	Pinsel

2 Unterstreiche jeweils das Subjekt.

Der Junge liest das Buch. Kann ich ein Bonbon haben?

Heute hast du frei. Felix füttert die Katze.

3 Schreibe die fehlenden Formen.

Grundstufe	1. Vergleichsstufe	2. Vergleichsstufe
schön	schöner	am schönsten
alt	älter	am ältesten
teuer	teurer	am teuersten

4 Was gehört zusammen? Verbinde.

bitter	müde	→ hundemüde
feder	kalt	→ bitterkalt
hunde	leicht	→ federleicht

5 Schreibe die zusammengesetzten Adjektive hinter die Pfeile.

1 Wie lauten die Verben auf -ieren?

die Addition → addieren

der Galopp → galoppieren

die Musik → musizieren

die Tapete → tapezieren

2 Bilde Nomen mit den Endungen -heit, -keit, -nis und -ung.

freundlich → Freundlichkeit

gesund → Gesundheit

mischen → Mischung

geheim → Geheimnis

3 Ergänze die Tabelle.

Grundform	riechen	gehen
Präsens	ich rieche	ich gehe
Präteritum	ich roch	ich ging
Perfekt	ich habe	ich bin
	gerochen	gegangen

Manche Wörter haben einen Doppelvokal.
Diese Wörter musst du dir merken.

1 Schreibe die Wörter mit den richtigen Doppelvokalen.

T●	Tee	W●ge	Waage
F●	Fee	S●	See
B●t	Boot	P●r	Paar
Id●	Idee	M●r	Meer
Z●	Zoo	S●l	Saal

2 Bilde die Verkleinerungsform.

Achtung:
das Haar – die Härchen
der Saal – die Säle

das Haar → das Härchen

das Boot → das Bötchen

das Paar → das Pärchen

3 ee oder oo? Schreibe die Wörter richtig.

c●l cool l●r leer d●f doof

Wie schreibe ich Flu● und Fu●?

Wenn du die Wörter verlängerst und in Silben sprichst, kannst du es hören: Flüs-se, aber Fü-ße.

1 Schreibe zuerst die zweisilbige Form.

der Fu●	die Füße	der Fuß
der Klo●	die Klöße	der Kloß
das Flo●	die Flöße	das Floß
der Gru●	die Grüße	der Gruß

2 Schreibe die Wörter.

grü●en	grüßen	sü●	süß
hei●en	heißen	hei●	heiß

3 ß oder ss? Schreibe die Wörter.

der Flu●	der Fluss	mü●en	müssen
gie●en	gießen	der Spa●	der Spaß
gro●	groß	bei●en	beißen

1 Schreibe die Wörter mit Qu/qu.

alle – Qualle	ark – Quark
alm – Qualm	elle – Quelle
erflöte – Querflöte	

2 Welches Wort mit Qu/qu wird gesucht?

Weichtier	Qualle	Unsinn	Quatsch
Kartenspiel	Quartett	Rätselspiel	Quiz
Viereck	Quadrat	Milchspeise	Quark

3 Ergänze die Tabelle.

Grundstufe	quaken	quieken
ich	quake	quieke
du	quakst	quiekst
er	quakt	quiekt
wir	quaken	quieken
ihr	quakt	quiekt
sie	quaken	quieken

Ableiten

Suche eine Form mit a oder au.
Findest du sie, dann gilt: a → ä, au → äu.
Gans → Gänse, Maus → Mäuse.
Findest du keine Form mit au, schreibe eu, z. B. **Leute**.

1 Schreibe zuerst die einsilbige Form.

G nse	Gans	Gänse
M se	Maus	Mäuse
Z ne	Zaun	Zäune
H nde	Hand	Hände
H lse	Hals	Hälse

2 ä oder e? Schreibe die Wörter.

N chte	Nächte	R der	Räder
H rzen	Herzen	St rne	Sterne

3 äu oder eu? Schreibe die Wörter.

L te	Leute	H ser	Häuser
R ber	Räuber	h te	heute

Satzglieder

Die Wörter eines Satzes, die beim Umstellen immer zusammenbleiben, bilden ein Satzglied.

Die Maus | frisst | den Käse.
Frisst | die Maus | den Käse?
Den Käse | frisst | die Maus.

1 Baue die Sätze zweimal um.

Der Junge | mag | das Monster.

Mag der Junge das Monster?
Das Monster mag der Junge.

Die Kinder | basteln | einen Drachen.

Basteln die Kinder einen Drachen?
Einen Drachen basteln die Kinder.

2 Unterstreiche die Satzglieder in den richtigen Farben.

Subjekt, Prädikat und Objekt

sind Namen für Satzglieder. Du kannst sie mit W-Fragen finden:
Subjekt: **Wer** tut etwas?
Prädikat: **Was** tut …?
Objekt: **Wen** oder **was**?

1 Ordne die Satzglieder in die Tabelle ein.

~~braucht~~ / ~~Die Soße~~ / ~~Salz.~~
~~Das Baby~~ / ~~den Ball.~~ / ~~will~~
~~Flöte.~~ / ~~Alina~~ / ~~spielt~~
~~ruft~~ / ~~Opa~~ / ~~ein Taxi.~~

Wer? Subjekt	macht? Prädikat	Wen oder was? Objekt
Die Soße	braucht	Salz.
Das Baby	will	den Ball.
Alina	spielt	Flöte.
Opa	ruft	ein Taxi.

2 Unterstreiche das Subjekt gelb, das Prädikat grün und das Objekt braun.

Das Quartett lernt neue Lieder.

Erinnere dich: Die zusammengesetzte Vergangenheit (Perfekt) wird beim Sprechen benutzt: Ich habe gelernt.
Die einfache Vergangenheit (Präteritum) wird beim Schreiben verwendet: Ich lernte.

1 Setze die Sätze ins Präteritum und ins Perfekt.

Opa erzählt von früher.
Opa erzählte von früher.
Opa hat von früher erzählt.

Das Monster lebt im Wald.
Das Monster lebte im Wald.
Das Monster hat im Wald gelebt.

Melvin sucht Pilze.
Melvin suchte Pilze.
Melvin hat Pilze gesucht.

2 Ergänze die fehlende Form.
Achtung: Hier ändert sich der Wortstamm.

Präsens	Präteritum	Perfekt
wir essen	wir aßen	wir haben gegessen

Diese Wörter mit i kommen aus anderen Sprachen. Du musst sie dir merken.

1 Schreibe die Merkwörter mit i.

T ger – Tiger
P rat – Pirat
B ber – Biber
l la – lila
K no – Kino
Vamp r – Vampir

Wörter, die auf -ine enden, kommen auch aus anderen Sprachen. Wir schreiben sie nur mit i, z. B. Maschine.

2 Schreibe die Merkwörter mit -ine.

Masch – Maschine
Pingu – Pinguine
Ros – Rosine
Gard – Gardine
Ru – Ruine
Delf – Delfine

3 Welche Wörter mit i werden gesucht?

Reptil → Krokodil
Raubkatze → Tiger
saure Frucht → Zitrone
spannendes Buch → Krimi

1 Schreibe die Wörter.

Anton hat ein (B t) Boot.
Er hat eine (Id) Idee.
Er fährt aufs (M r) Meer hinaus.
Dort träumt er von einem (Flo) Floß.
Er hält seine (Fü e) Füße ins Wasser.
Doch dann sieht er eine (alle) Qualle.
Sofort fährt er zurück ans Ufer.

2 ä oder e? äu oder eu? Schreibe die Wörter.

G nse – Gänse
h te – heute
H rzen – Herzen
M se – Mäuse
H ser – Häuser
R der – Räder

3 Stelle den Satz zweimal um und unterstreiche die Satzglieder.

Wir | lieben | Pinguine.

Lieben wir Pinguine?
Pinguine lieben wir.

1 Was ist hier das Prädikat, was ist das Subjekt und das Objekt? Benenne die Satzglieder.

Wir	lieben	Pinguine.
Subjekt	Prädikat	Objekt

2 Trage die fehlenden Formen ein.

Grundform	singen	leben
Präsens	er singt	ich lebe
Präteritum	er sang	ich lebte
Perfekt	er hat gesungen	ich habe gelebt

3 Schreibe die Wörter.

Z trone – Zitrone
K no – Kino
T ger – Tiger
l la – lila

4 Welche Wörter mit -ine werden gesucht?

Vögel im Frack → Pinguine
Vorhang → Gardine
in einer Fabrik gibt es eine → Maschine
kaputtes Haus → Ruine

Komma als Aufzählungszeichen

Wenn Wörter oder Satzglieder aufgezählt werden, wird ein Komma dazwischengesetzt.

Vor dem letzten Wort der Aufzählung steht ein **und** oder ein **oder**.

1 Trage die fehlenden Kommas ein und unterstreiche sie.

Mira mag Biber, Igel, Mäuse und andere kleine Tiere.

Bertan isst gerne Bananen, Äpfel, Kirschen, Kiwis, Mangos und Birnen.

Felix geht gern in den Park, in den Wald, ins Kino oder ins Freibad.

2 Schreibe die Sätze mit den richtigen Kommas auf.

Bax schläft trinkt will raus und schläft.

Bax schläft, trinkt, will raus und schläft.

Fußball Judo und Klettern sind Umuts liebste Sportarten.

Fußball, Judo und Klettern sind Umuts liebste Sportarten.

Mia hat heute Mathe Musik und Sport.

Mia hat heute Mathe, Musik und Sport.

1 Nomen + Nomen = Nomen
Finde die Wörter und schreibe sie auf.

~~Fliegen~~ ~~Vogel~~ ~~Streuer~~ ~~Pilz~~ ~~Tasche~~ ~~Kopf~~ ~~Käse~~ ~~Salz~~ ~~Handy~~ ~~Käfig~~ ~~Salat~~ ~~Reibe~~

Salzstreuer — Vogelkäfig

Fliegenpilz — Käsereibe

Handytasche — Kopfsalat

2 Nomen + Adjektiv = Adjektiv
Finde die Wörter und schreibe sie auf.

~~Glas~~ ~~gelb~~ ~~Honig~~ ~~scharf~~ ~~Zitronen~~ ~~Messer~~ ~~klar~~ ~~süß~~

messerscharf — glasklar

zitronengelb — honigsüß

3 Verb + Nomen = Nomen
Finde die Wörter und schreibe sie auf.

~~Ring~~ ~~Topf~~ ~~laufen~~ ~~Faden~~ ~~boxen~~ ~~kochen~~ ~~Schuhe~~ ~~binden~~

Kochtopf — Laufschuhe

Boxring — Bindfaden

d oder t? b oder p? g oder k?

Die Personalformen eines Verbs werden am Ende oft hart ausgesprochen. In der zweisilbigen Form kannst du den richtigen Buchstaben hören, z. B.
er le_t → leben → er lebt

1 g oder k? b oder p? d oder t?
Schreibe zuerst die zweisilbige wir-Form.

b/p? er le_t	leben	er lebt
g/k? es spu_t	spuken	es spukt
d/t? es wir_	werden	es wird
g/k? er bie_t	biegen	er biegt

2 g oder k? b oder p? d oder t? Schreibe zuerst die zweisilbige wir-Form.
Achtung: Bei einigen Wörtern ändert sich der Wortstamm.

g/k? sie ma_	mögen	sie mag
b/p? er grä_t	graben	er gräbt
d/t? sie lä_t	laden	sie lädt
b/p? er lie_t	lieben	er liebt
g/k? sie dan_t	danken	sie dankt

1 Was gehört zusammen? Verbinde.

K_lte — kalt → Kälte

_rmel — Arm → Ärmel

f_rben — Farbe → färben

2 Schreibe die Wörter hinter die Pfeile.
Leite dafür ab: ä oder e? K_lte kommt von kalt: Kälte.

3 Verbinde und schreibe die Wörter.

s_bern — sauber → säubern

R_ber — Raub → Räuber

gebr_nt — braun → gebräunt

äu oder eu?
Wie schreibt man _ter?

Es gibt kein verwandtes Wort mit au für [Bild], also schreiben wir es mit eu: Euter.

4 äu oder eu? Schreibe die Wörter.

_ter	Euter	M_se	Mäuse
L_te	Leute	tr_	treu
S_e	Säue	d_tsch	deutsch

Erinnere dich:
- Nomen schreibt man groß. Denke an die der-die-das-Probe.
- Am Satzanfang schreibt man groß.
- Wörter mit den Signal-Endungen -heit, -keit, -nis und -ung schreibt man groß.

1 Welche dieser Wörter sind Nomen? Schreibe sie mit Artikel auf.

geht ~~meer~~ ~~sauberkeit~~ über mein ~~pause~~ euer oft ~~freiheit~~ ~~wut~~ lesen ~~gruß~~

die Sauberkeit — die Freiheit
die Wut — das Meer
die Pause — der Gruß

2 Unterstreiche die Nomen und schreibe den Satz richtig auf.

der hase hat die größe eines hundes.

Der Hase hat die Größe eines Hundes.

suri geht mit freude in die schule.

Suri geht mit Freude in die Schule.

Erinnere dich: Wortstämme, die auf l, m, n, r enden, schreiben wir mit h.

1 Kreise den Wortstamm ein.

(gähn)en (kühl)en (zahl)en (sag)en

2 Schreibe die Wörter von Aufgabe 1. Denke an die h-Regel.

Der Löwe gähnt.
Du kühlst die Flasche.
Ich zahle bar.
Der Polizist sagt „Stopp!"

3 Mit oder ohne h? Unterstreiche den Buchstaben nach dem ◯ grün, wenn es ein l, m, n oder r ist.

ste_len	stehlen	wä_len	wählen
le_sen	lesen	fa_ren	fahren
wo_nen	wohnen	fe_gen	fegen
zä_men	zähmen	ke_ren	kehren

4 Schreibe die Verben richtig.

1 Schreibe den Text richtig ab und setze Kommas.

die familie ist im zoo. tim freut sich auf die löwen tiger pumas und tapire.
papa lobt die sauberkeit die sicherheit und die guten preise.
alle haben eine schöne zeit.

Die Familie ist im Zoo. Tim freut sich auf die Löwen, Tiger, Pumas und Tapire.
Papa lobt die Sauberkeit, die Sicherheit und die guten Preise.
Alle haben eine schöne Zeit.

2 Finde die zusammengesetzten Nomen und schreibe sie mit Artikel auf.

~~Schuhe~~ ~~Pilz~~ ~~kochen~~ ~~Salz~~ ~~laufen~~ ~~fliegen~~ ~~Topf~~ ~~streuen~~

der Salzstreuer — der Fliegenpilz
die Laufschuhe — der Kochtopf

1 g oder k? b oder p? d oder t?

Der Bär (le_t) lebt im Wald.
Hier (spu_t) spukt es nicht.
Heute (ma_) mag sie ein Eis.
Er (lie_t) liebt das.
Alles (wir_) wird gut.
Sie (dan_t) dankt höflich.

2 ä oder e? äu oder eu? Schreibe die Wörter.

K_lte	Kälte	tr_	treu
L_te	Leute	R_ber	Räuber
M_se	Mäuse	_rmel	Ärmel
gebr_nt	gebräunt	s_bern	säubern

3 Mit oder ohne h? Schreibe die Verben.

gä_nen	gähnen	le_sen	lesen
fa_ren	fahren	wä_len	wählen
sa_gen	sagen	kü_len	kühlen

1 Schreibe die Wörter in das magische Quadrat.
Achtung: Letzter Buchstabe = erster Buchstabe!

2 Ergänze das Lösungswort.

Das war s u p e r !

Wörter mit V/v

Manchmal hörst du ein F oder W, du musst aber V schreiben.
Diese Wörter musst du dir merken!

1 Schreibe die Wörter mit V/v.

_ogel	Vogel	_ulkan	
_ater		_ier	
_ase		_oll	

2 V/v, W/w oder F/f? Schreibe die Wörter.

_ampir	Vampir	Kla_ier	
_olke		_ür	
bra_		_on	

3 Welches V-Wort wird gesucht?

Blutsauger →	Vampir	4 →	
nicht Mutter →		nicht leer →	
artig →		nicht hinter →	
Blumengefäß →		Instrument →	

1 Ergänze im Text die Doppelpunkte und die Anführungszeichen.

Umut fragt Malte: „Gehst du heute mit mir schwimmen?“

Malte antwortet Ich muss vorher noch mit dem Hund raus.

Umut überlegt Dafür reicht die Zeit auf jeden Fall.

Malte ruft Klasse, dann bis um vier vor dem Freibad!

2 Bilde neue Verben. Schreibe die Grundform und die er-Form.

ver-

-schlafen
-kaufen
-bieten

verschlafen — er verschläft

vor-

-lesen
-sagen
-stellen

vorlesen — sie liest vor

3 Bilde neue Nomen. Schreibe sie mit dem bestimmten Artikel auf.

Vor-

-hang
-name
-ort

der Hang — der Vorhang

1 Welche Wörter mit eu werden gesucht?

Beurteilung → Zeugnis

unser Geld → ______

nicht gestern → ______

9 → ______

2 Welches V-Wort wird gesucht?

Blutsauger → Vampir

4 → ______

nicht leer → ______

nicht Mutter → ______

3 Stelle den Satz um.

Umut | ist | im Freibad.

______ | ______ | ______

______ | ______ | ______

4 Welcher Satzbaustein ist das Prädikat?
Kreuze an:

☐ ☐ ☐

i oder ie?

Kommt in der 1. Silbe nach dem Vokal noch ein weiterer Buchstabe, schreiben wir i, z. B. **Winter**.

Kommt kein weiterer Buchstabe, schreiben wir ie, z. B. **Biene**.

1 Schreibe die Wörter mit i.

W_nter Winter

S_lber

H_lfe

B_lder

2 Unterstreiche den Buchstaben nach dem Vokal in der 1. Silbe.

3 In der ersten Silbe kommt kein Buchstabe nach dem Vokal.
Schreibe die Wörter mit ie.

B_ne Biene

L_be

R_se

W_se

4 i oder ie? Schreibe die Wörter.

Br_fe Briefe

K_nder

P_nsel

Z_ge

K_ste

L_der

Sp_gel

F_lme

Subjekt

Durch die Frage **„Wer oder was** macht etwas?“ findest du im Satz das Subjekt.

1 Unterstreiche jeweils das Subjekt.

Lena besucht ihre Oma.

Opa gießt die Blumen.

Gehe ich schwimmen?

Laut quaken die Frösche.

Vom Baum fallen die Äpfel.

Der Computer ging kaputt.

2 Wer macht was? Schreibe das passende Subjekt auf.

Die Enten quaken.

______ ruft seinen Hund Rumo.

______ kommt.

______ pustet auf.

______ sagt Hallo zu Rami.

1 Schreibe die fehlenden Formen der Adjektive.
Achtung: Bei manchen Formen ändert sich der Wortstamm.

Grundstufe	1. Vergleichsstufe	2. Vergleichsstufe
schön	schöner	am schönsten
hart		am härtesten
süß		
		am wildesten
	wärmer	

2 Ergänze die Lücken. Achtung: Bei manchen Wörtern ändert sich der Wortstamm.

(jung) Ich bin jung ____. Mein Bruder ist aber jünger ____ als ich.

(alt) Mama ist ____ als ich.

Oma ist ____.

(leise) Die Katze ist ____. Ich bin ____ als die Katze.

Der Fisch ist ____.

(teuer) Das Buch ist ____. Das Spiel ist ____.

Das Computerspiel ist ____.

1 Schreibe die zusammengesetzten Adjektive auf.

leicht wie eine Feder

federleicht

stark wie ein Bär

rot wie Feuer

rund wie eine Kugel

müde wie ein Hund

hart wie Stein

2 Was gehört zusammen? Verbinde.

bitter •	• neu	→
süß •	• kalt	→ bitterkalt
Felsen •	• sauer	→
Nagel •	• fest	→

3 Schreibe die zusammengesetzten Adjektive hinter die Pfeile.

Fremdwörter

sind Wörter aus anderen Sprachen,
vor allem aus dem Lateinischen.
Die Verbformen enden auf -ieren.

1 Was gehört zusammen? Verbinde.

jonglieren •	• eine Tapete anbringen
servieren •	• Geschicklichkeitsspiel
tapezieren •	• ein Zeichen geben
signalisieren •	• Essen und Trinken bringen
komponieren •	• Musik aufschreiben

2 Wie lauten die Verben auf -ieren?

die Addition → addieren

die Reparatur → ______________________

der Galopp → ______________________

die Balance → ______________________

die Musik → ______________________

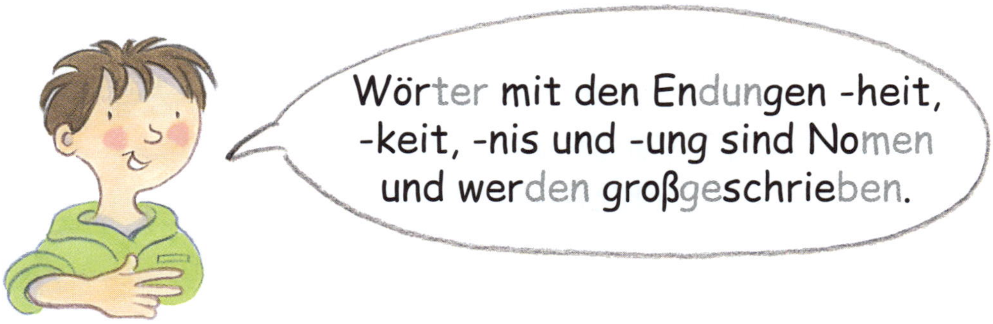

1 Bilde Nomen aus den Wörtern und schreibe sie auf.

~~freundlich~~ finster geheim achten einsam schön

Freundlichkeit ______________________

______________________ ______________________

______________________ ______________________

2 Welche Nomen mit den Endungen -heit, -keit, -nis und -ung passen?
Schreibe sie in die Lücken. Der Wörterpool hilft dir.

gesund krank füttern ~~wandern~~ mischen

Eine Wanderung ist mehr als ein langer Spaziergang.

Bei einem Müsli kommt es auf die ______________________ an.

Hat man eine ______________________, geht man zu einem Arzt.

Denn die ______________________ ist wichtig.

Ein Hamster freut sich immer auf die ______________________.

Vergangenheit

Die zusammengesetzte Vergangenheit (Perfekt) wird beim Sprechen benutzt: **Ich bin gefahren, er hat gehört.**

Beim Schreiben wird die einfache Vergangenheit (Präteritum) verwendet: **Ich fuhr, er hörte.**

1 Schreibe im Präteritum.

Er hat Spanisch gelernt.

Er lernte Spanisch.

Sie hat an den Blumen gerochen.

Er hat mich geärgert.

Sie hat geflüstert.

2 Verbinde die Verbformen.
Achtung: Bei den Wörtern ändert sich der Wortstamm.

er hat gekannt •	• er traf
er hat gelassen •	• er maß
er hat gemessen •	• er ließ
er hat getroffen •	• er kannte

1 Präsens, Präteritum oder Perfekt? Verbinde.

Ich lese einen Comic.	**Präsens**	Sie ging schnell.
Er geht zur Schule.	**Präteritum**	Er las die Anleitung genau.
Sie hat das Buch gelesen.	**Perfekt**	Ich bin in den Park gegangen.

2 Ergänze die Tabellen.

Grundform	**gehen**	**lesen**
Präsens	ich gehe	
Präteritum	ich ging	
Perfekt	ich bin	
	gegangen	

Grundform	**machen**	**kennen**
Präsens		
Präteritum		
Perfekt		

1 i oder ie? Schreibe die Wörter.

 B ◯ ne — Biene

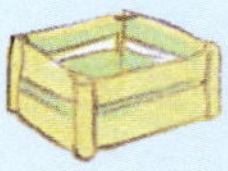 K ◯ ste —

 W ◯ nter —

 Sp ◯ gel —

 L ◯ be —

 P ◯ nsel —

2 Unterstreiche jeweils das Subjekt.

Der Junge liest das Buch.

Heute hast du frei.

Kann ich ein Bonbon haben?

Felix füttert die Katze.

3 Schreibe die fehlenden Formen.

Grundstufe	1. Vergleichsstufe	2. Vergleichsstufe
		am schönsten
alt		
teuer		

4 Was gehört zusammen? Verbinde.

bitter •	• müde →	
feder •	• kalt →	bitterkalt
hunde •	• leicht →	

5 Schreibe die zusammengesetzten Adjektive hinter die Pfeile.

1 Wie lauten die Verben auf -ieren?

die Addition → addieren

der Galopp → ____________________

die Musik → ____________________

die Tapete → ____________________

2 Bilde Nomen mit den Endungen -heit, -keit, -nis und -ung.

freundlich → Freundlichkeit

gesund → ____________________

mischen → ____________________

geheim → ____________________

3 Ergänze die Tabelle.

Grundform	**riechen**	**gehen**
Präsens		
Präteritum		ich ging
Perfekt	ich habe	
	gerochen	

Manche Wörter haben einen Doppelvokal.
Diese Wörter musst du dir merken.

1 Schreibe die Wörter mit den richtigen Doppelvokalen.

 T◯ Tee

 W◯ge

 F◯

 S◯

 B◯t

 P◯r

 Id◯

 M◯r

 Z◯

 S◯l

2 Bilde die Verkleinerungsform.

Achtung:
das Haar – die Härchen
der Saal – die Säle

das Haar → das Härchen

das Boot →

das Paar →

3 ee oder oo? Schreibe die Wörter richtig.

c◯l cool

l◯r

d◯f

1 Schreibe zuerst die zweisilbige Form.

der Fu – die Füße – der Fuß

der Klo – ______ – ______

das Flo – ______ – ______

der Gru – ______ – ______

2 Schreibe die Wörter.

 grü en – grüßen

 sü – ______

 hei en – ______

 hei – ______

3 ß oder ss? Schreibe die Wörter.

der Flu – der Fluss

mü en – ______

gie en – ______

der Spa – ______

gro – ______

bei en – ______

1 Schreibe die Wörter mit Qu/qu.

 alle Qualle

ark

 alm

 elle

 erflöte

2 Welches Wort mit Qu/qu wird gesucht?

Weichtier	Qualle	Unsinn	
Kartenspiel		Rätselspiel	
Viereck		Milchspeise	

3 Ergänze die Tabelle.

Grundstufe	**quaken**	**quieken**
ich	quake	
du		
er		
wir		
ihr		
sie		

Ableiten

Suche eine Form mit a oder au.

Findest du sie, dann gilt: a → ä, au → äu.

Gans → Gänse, Maus → Mäuse.

Findest du keine Form mit au, schreibe eu, z. B. **Leute**.

1 Schreibe zuerst die einsilbige Form.

 G_nse	Gans	Gänse
 M_se		
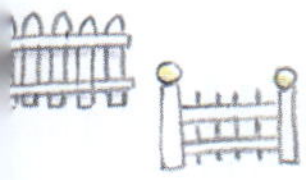 Z_ne		
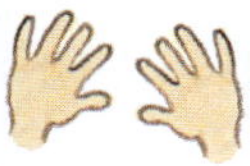 H_nde		
 H_lse		

2 ä oder e? Schreibe die Wörter.

 N_chte	Nächte	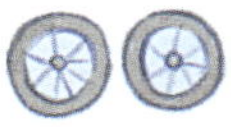 R_der	
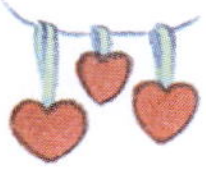 H_rzen		 St_rne	

3 äu oder eu? Schreibe die Wörter.

 L_te	Leute	 H_ser	
 R_ber		 h_te	

Satzglieder

Die Wörter eines Satzes, die beim Umstellen immer zusammenbleiben, bilden ein Satzglied.

Die Maus | frisst | den Käse.

Frisst | die Maus | den Käse?

Den Käse | frisst | die Maus.

1 Baue die Sätze zweimal um.

Der Junge | mag | das Monster.

Mag der Junge das Monster?

Die Kinder | basteln | einen Drachen.

2 Unterstreiche die Satzglieder in den richtigen Farben.

Subjekt, Prädikat und Objekt

sind Namen für Satzglieder. Du kannst sie mit W-Fragen finden:

Subjekt: **Wer** tut etwas?
Prädikat: **Was** tut …?
Objekt: **Wen** oder **was**?

1 Ordne die Satzglieder in die Tabelle ein.

~~braucht~~ / ~~Die Soße~~ / ~~Salz.~~

Das Baby / den Ball. / will

Flöte. / Alina / spielt

ruft / Opa / ein Taxi.

Wer? Subjekt	**macht?** Prädikat	**Wen oder was?** Objekt
Die Soße	braucht	Salz.

2 Unterstreiche das Subjekt gelb, das Prädikat grün und das Objekt braun.

Das Quartett lernt neue Lieder.

Erinnere dich: Die zusammengesetzte Vergangenheit (Perfekt) wird beim Sprechen benutzt: Ich habe gelernt.
Die einfache Vergangenheit (Präteritum) wird beim Schreiben verwendet: Ich lernte.

1 Setze die Sätze ins Präteritum und ins Perfekt.

Opa erzählt von früher.
Opa erzählte von früher.
Opa hat von früher erzählt.

Das Monster lebt im Wald.

____

____

Melvin sucht Pilze.

____

____

2 Ergänze die fehlende Form.
Achtung: Hier ändert sich der Wortstamm.

Präsens	Präteritum	Perfekt
______	wir aßen	______

Diese Wörter mit i kommen aus anderen Sprachen.
Du musst sie dir merken.

1 Schreibe die Merkwörter mit i.

T_ger	Tiger	P_rat	
B_ber		I_la	
K_no		Vamp_r	

Wörter, die auf -ine enden,
kommen auch aus anderen Sprachen.
Wir schreiben sie nur mit i, z. B. Maschine.

2 Schreibe die Merkwörter mit -ine.

	Masch_	Maschine		Pingu_	
	Ros_		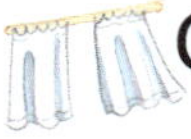	Gard_	
	Ru_			Delf_	

3 Welche Wörter mit i werden gesucht?

Reptil → Krokodil

Raubkatze →

saure Frucht →

spannendes Buch →

1 Schreibe die Wörter.

Anton hat ein  (B_t) Boot.

Er hat eine  (Id_) ______.

Er fährt aufs  (M_r) ______ hinaus.

Dort träumt er von einem  (Flo_) ______.

Er hält seine  (Fü_e) ______ ins Wasser.

Doch dann sieht er eine  (_alle) ______.

Sofort fährt er zurück ans Ufer.

2 ä oder e? äu oder eu? Schreibe die Wörter.

G_nse	Gänse	h_te	
H_rzen		M_se	
H_ser		R_der	

3 Stelle den Satz zweimal um und unterstreiche die Satzglieder.

Wir | lieben | Pinguine.

______

______

1 Was ist hier das Prädikat, was ist das Subjekt und das Objekt? Benenne die Satzglieder.

Wir	lieben	Pinguine.
Subjekt		

2 Trage die fehlenden Formen ein.

Grundform	singen	leben
Präsens		
Präteritum	er sang	
Perfekt		ich habe
		gelebt

3 Schreibe die Wörter.

Z trone Zitrone

K no

T ger

l la

4 Welche Wörter mit -ine werden gesucht?

Vögel im Frack → Pinguine

Vorhang →

in einer Fabrik gibt es eine →

kaputtes Haus →

Komma als Aufzählungszeichen

Wenn Wörter oder Satzglieder aufgezählt werden, wird ein Komma dazwischengesetzt.

Vor dem letzten Wort der Aufzählung steht ein **und** oder ein **oder**.

1 Trage die fehlenden Kommas ein und unterstreiche sie.

Mira mag Biber, Igel, Mäuse und andere kleine Tiere.

Bertan isst gerne Bananen Äpfel Kirschen Kiwis Mangos und Birnen.

Felix geht gern in den Park in den Wald ins Kino oder ins Freibad.

2 Schreibe die Sätze mit den richtigen Kommas auf.

Bax schläft trinkt will raus und schläft.

Bax schläft, trinkt, will raus und schläft.

Fußball Judo und Klettern sind Umuts liebste Sportarten.

Mia hat heute Mathe Musik und Sport.

1 Nomen + Nomen = Nomen

Finde die Wörter und schreibe sie auf.

Fliegen	Vogel	~~Streuer~~	Pilz	Tasche	Kopf
Käse	~~Salz~~	Handy	Käfig	Salat	Reibe

Salzstreuer

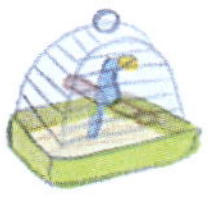

2 Nomen + Adjektiv = Adjektiv

Finde die Wörter und schreibe sie auf.

Glas	gelb	Honig	~~scharf~~	Zitronen
~~Messer~~	klar	süß		

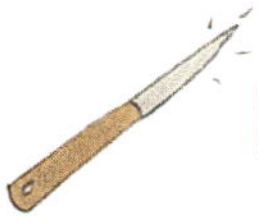
messerscharf

3 Verb + Nomen = Nomen

Finde die Wörter und schreibe sie auf.

Ring	~~Topf~~	laufen	Faden	boxen
~~kochen~~	Schuhe	binden		

Kochtopf

d oder t? b oder p? g oder k?

Die Personalformen eines Verbs werden am Ende oft hart ausgesprochen. In der zweisilbigen Form kannst du den richtigen Buchstaben hören, z. B.

er le __ t → leben → er lebt

1 g oder k? b oder p? d oder t?
Schreibe zuerst die zweisilbige wir-Form.

b/p?	er le __ t	leben	er lebt
g/k?	es spu __ t		
d/t?	es wir __		
g/k?	er bie __ t		

2 g oder k? b oder p? d oder t? Schreibe zuerst die zweisilbige wir-Form.
Achtung: Bei einigen Wörtern ändert sich der Wortstamm.

g/k?	sie ma __	mögen	sie mag
b/p?	er grä __ t		
d/t?	sie lä __ t		
b/p?	er lie __ t		
g/k?	sie dan __ t		

1 Was gehört zusammen? Verbinde.

K__lte •	• Farbe	→	
__rmel •	• Arm	→	
f__rben •	• kalt	→	Kälte

2 Schreibe die Wörter hinter die Pfeile.
Leite dafür ab: ä oder e? K__lte kommt von kalt: Kälte.

3 Verbinde und schreibe die Wörter.

s__bern •	• braun	→	gebräunt
R__ber •	• sauber	→	
gebr__nt •	• Raub	→	

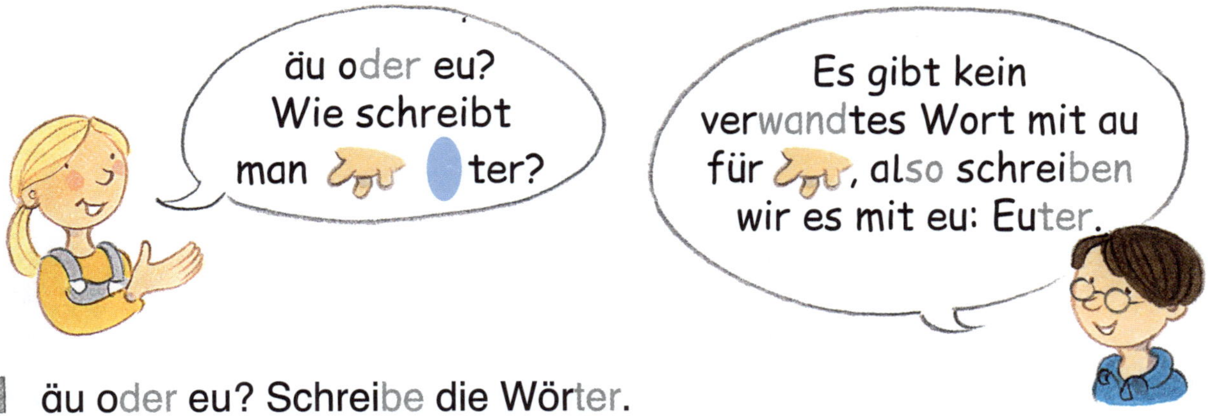

4 äu oder eu? Schreibe die Wörter.

 __ter	Euter	 M__se	
 L__te		 tr__	
 S__e		 d__tsch	

Erinnere dich:
- Nomen schreibt man groß.
  Denke an die der-die-das-Probe.
- Am Satzanfang schreibt man groß.
- Wörter mit den Signal-Endungen
  -heit, -keit, -nis und -ung schreibt man groß.

1 Welche dieser Wörter sind Nomen? Schreibe sie mit Artikel auf.

geht   meer   ~~sauberkeit~~   über
mein   pause   euer   oft
freiheit   wut   lesen   gruß

die Sauberkeit

2 Unterstreiche die Nomen und schreibe den Satz richtig auf.

der hase hat die größe eines hundes.

Der Hase hat die Größe eines Hundes.

suri geht mit freude in die schule.

Erinnere dich: Wortstämme, die auf l, m, n, r enden, schreiben wir mit h.

1 Kreise den Wortstamm ein.

gähnen	kühlen	zahlen	sagen

2 Schreibe die Wörter von Aufgabe 1. Denke an die h-Regel.

 Der Löwe gähnt.

 Du ______ die Flasche.

 Ich ______ bar.

 Der Polizist ______ „Stopp!“

3 Mit oder ohne h? Unterstreiche den Buchstaben nach dem ⬯ grün, wenn es ein l, m, n oder r ist.

ste⬯len	stehlen	wä⬯len	
le⬯sen		fa⬯ren	
wo⬯nen		fe⬯gen	
zä⬯men		ke⬯ren	

4 Schreibe die Verben richtig.

1 Schreibe den Text richtig ab und setze Kommas.

die familie ist im zoo. tim freut sich auf die löwen tiger pumas und tapire.

papa lobt die sauberkeit die sicherheit und die guten preise.

alle haben eine schöne zeit.

Die Familie ist im Zoo.

2 Finde die zusammengesetzten Nomen und schreibe sie mit Artikel auf.

Schuhe	Pilz	kochen	~~Salz~~	laufen
fliegen		Topf	~~streuen~~	

der Salzstreuer

1 g oder k? b oder p? d oder t?

Der Bär (le _ t) lebt __________ im Wald.

Hier (spu _ t) __________ es nicht.

Heute (ma _) __________ sie ein Eis.

Er (lie _ t) __________ das.

Alles (wir _) __________ gut.

Sie (dan _ t) __________ höflich.

2 ä oder e? äu oder eu? Schreibe die Wörter.

 K _ lte Kälte

 tr _ __________

 L _ te __________

 R _ ber __________

 M _ se __________

 _ rmel __________

 gebr _ nt __________

 s _ bern __________

3 Mit oder ohne h? Schreibe die Verben.

gä _ nen gähnen

le _ sen __________

fa _ ren __________

wä _ len __________

sa _ gen __________

kü _ len __________

1 Schreibe die Wörter in das magische Quadrat.
Achtung: Letzter Buchstabe = erster Buchstabe!

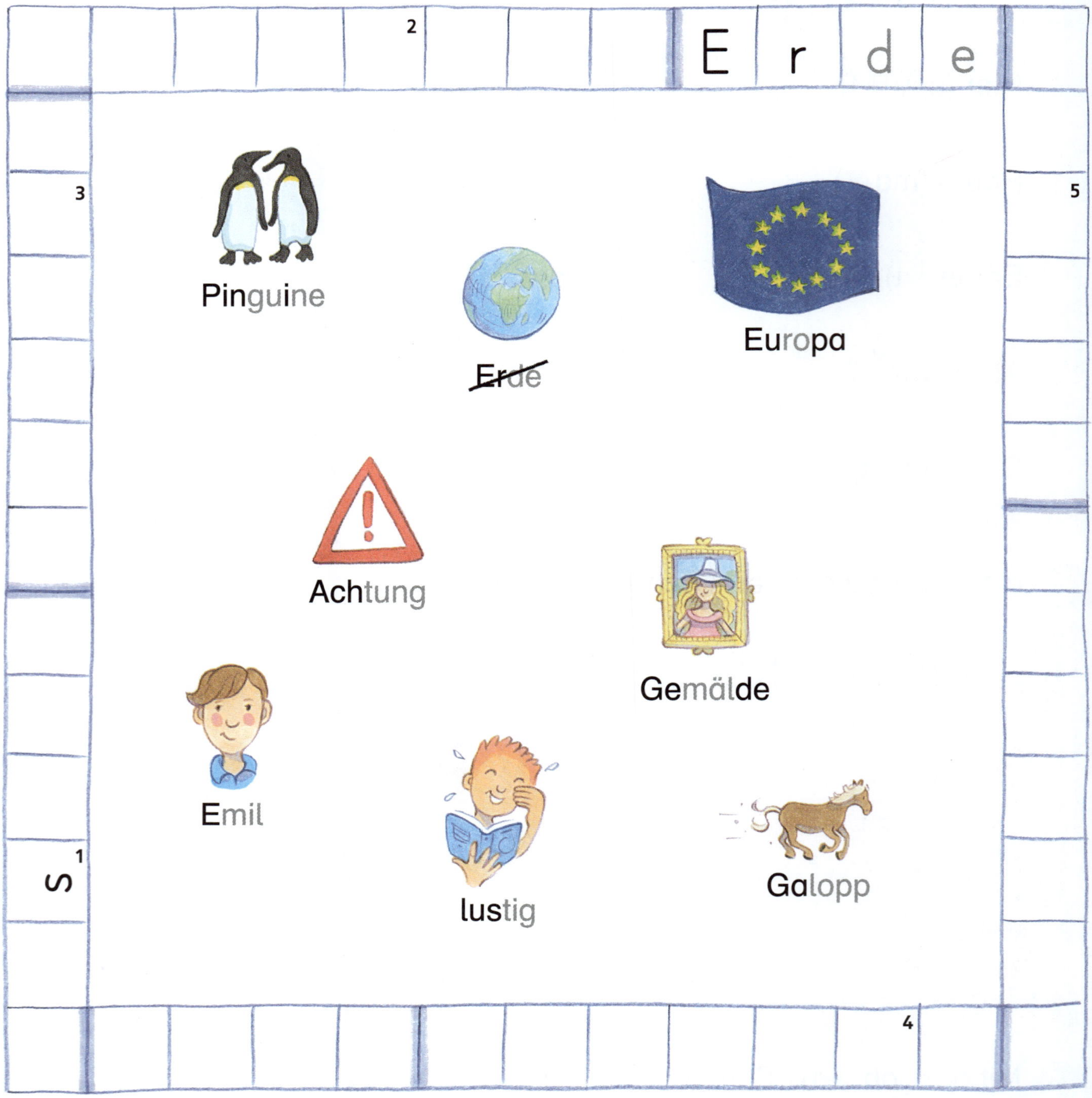

2 Ergänze das Lösungswort.

Das war	S					!
	1	2	3	4	5	